Bilingual Kiddos

PRESS

A a

Aligator

Ąą

Wąż

B b

Balon

C c
Cytryna

Ć ć

Ćma

D d
Drzewo

E e

Ekran

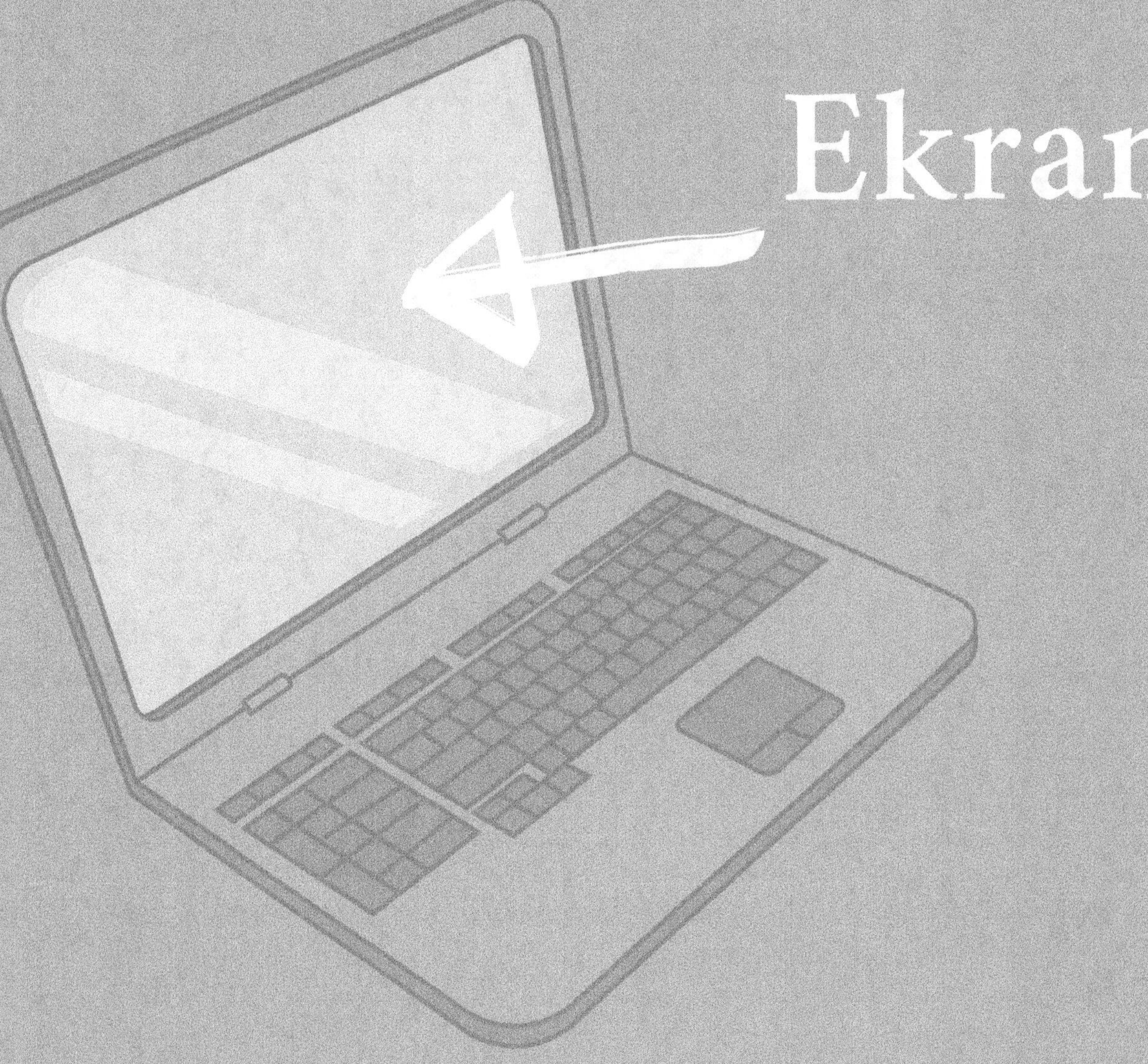

Ę ę

Gęś

F f

Flaga

G g

Gitara

H h
Hipopotam

I i

Indyk

J j

Jabłko

K k

Krowa

L l

Lew

Łł

Łabędź

M m
Marchew

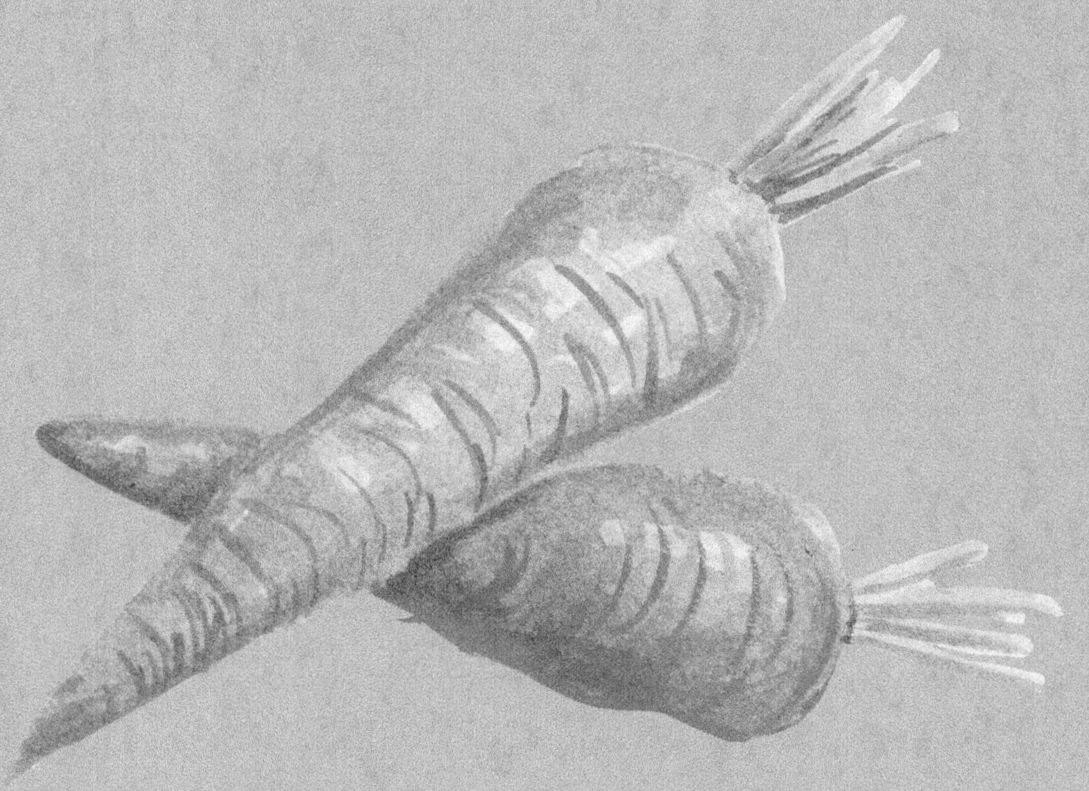

N n

Nożyczki

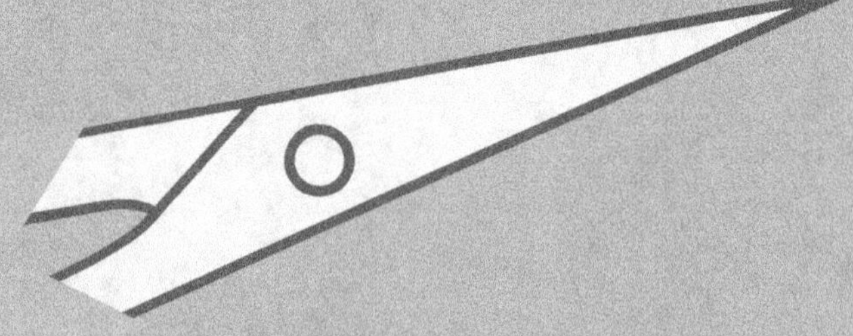

Ń ń
Słoń

O o

Ośmiornica

Óó

Ogórek

P p

Pomidor

R r

Ryba

S s
Słońce

Ś ś

Ślimak

T t

Tygrys

U u

Ucho

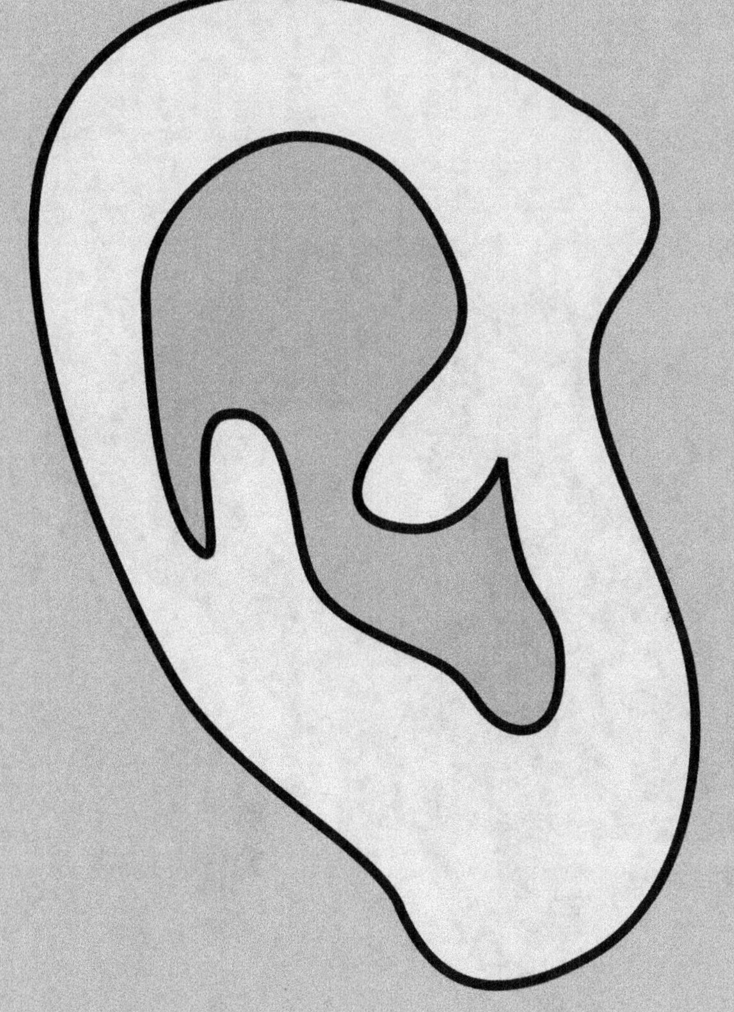

W w

Wieloryb

Y y

Lody

Z z

Zegar

Ź ź

Gałąź

Ż ż

Żaba

A Ą B C Ć

H I J K L

Ó P R S Ś

Ź Ż

D E Ę F G

Ł M N Ń O

T U W Y Z

a ą b c ć

h i j k l

ó p r s ś

ź ż

d e ę f g

ł m n ń o

t u w y z

If you enjoy this book, please do support us by leaving an honest review on Amazon. Thank you!

דָּג dag
Dalet

Mia's Week at
Camp Living Waters
What to expect at summer camp
Marcy Schaaf